A Dima, para que se lo lea a Guillem
Arianna

Dedicado a Victor, a Ana y a David. Y a Arianna
Riki

Primera edición publicada por Thule Ediciones S.L. en 2008

© del texto: Arianna Squilloni

© de las ilustraciones: Riki Blanco

© 2016 Editorial Libre Albedrío
www.editoriallibrealbedrio.com

DEPÓSITO LEGAL: AL 957-2016
ISBN: 978-84-944172-7-6
Impreso en China

EL MISTERIO DEL DIENTE

ARIANNA SQUILLONI | RIKI BLANCO

Libre Albedrío
editorial

Severiano XXXII, rey del planeta de la Suprema Seriedad, envía al Investigador de Palacio en misión intergaláctica para desvelar el misterio de un objeto no identificado llegado del cielo. El mismo Investigador de Palacio ha confirmado que la trayectoria de caída del enigmático objeto indica que procede del planeta Tierra. Allí se dirige el funcionario con la promesa de volver sin falta el día quinto del sexto mes del próximo año Severión.

Lo que sigue son las páginas de su cuaderno de campo.

En las mandíbulas de los seres humanos y de muchos animales del planeta Tierra suelen encontrarse encajados unos cuerpos duros y blancos que se llaman dientes o colmillos.

Los dientes sirven para llevar a cabo un sinfín de actividades, como por ejemplo:

...

Andar

Odobenus Rosmarus, del griego ὀδούς, diente y βαίνω, andar.

MORSA ↓

Colmillos

Al salir del agua la morsa clava sus colmillos en el hielo para impulsarse, tal como hace en la montaña el alpinista con las puntas de metal de sus botas.

CORTA 30 cm en 15 min.

Cortar

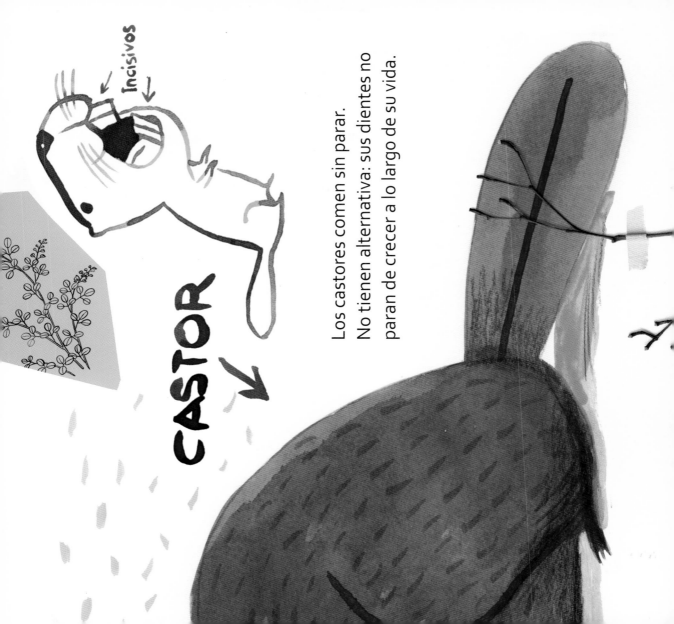

Incisivos

CASTOR

Los castores comen sin parar.
No tienen alternativa: sus dientes no
paran de crecer a lo largo de su vida.

Enjaular

Los ingleses llaman al rape abisal *ogerfish*,
pez ogro, y no es para menos.
Lo llaman también *fangtooth*,
colmillo... Ningún pez posee dientes
proporcionalmente más grandes.

Se ilumina para atraer a sus presas

Yo

RAPE ABISAL

Dejar marca

Constato que los bebés muerden. Probablemente duela.
Dicen que morder es una de las primeras formas de
conocer y familiarizarse con el mundo
exterior.

En fin, ¿para qué sirven
los dientes?

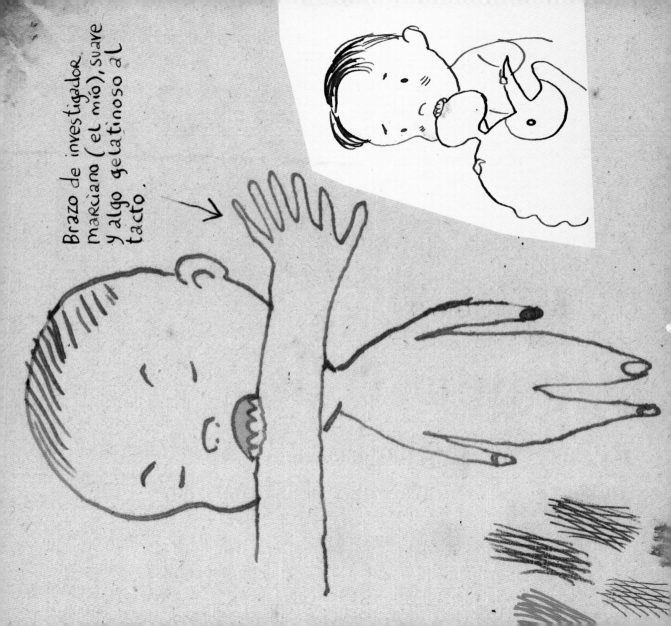

Brazo de investigador marciano (el mío), suave y algo gelatinoso al tacto.

Herbívoros

Por muy increíble que parezca, la función más importante de los dientes consiste en triturar comida. Según el tipo de alimentación de cada especie, los dientes cambian de forma y estructura.

llama.
(lama glama)

De muelas anchas, provistas de crestas de esmalte, a menudo en forma de media luna, que refuerzan el diente para que pueda masticar fibras duras.

Selenodonte, del griego
σελήνη, luna, ὀδούς, diente

INCISIVOS
SUPERIORES

ELEFANTE

Según mis cálculos, las cuatro muelas de ese elefante ya han triturado en el día de hoy más de 200 kilos de hierbas, cortezas y similares.

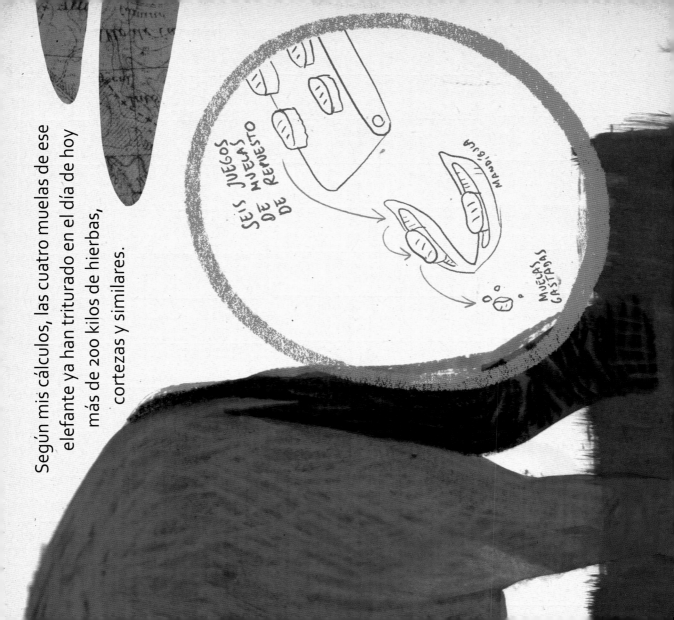

SEIS JUEGOS DE MUELAS DE REPUESTO

MANDÍBULA

MUELAS GASTADAS

Carnívoros

Tiburón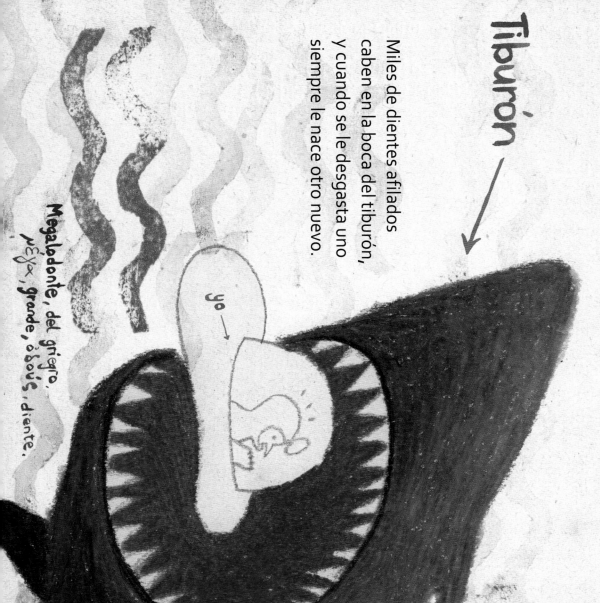

Miles de dientes afilados
caben en la boca del tiburón,
y cuando se le desgasta uno
siempre le nace otro nuevo.

Megalodonte, del griego,
μέγα, grande, ὀδούς, diente.

yo

Los dientes son los únicos huesos en el cuerpo de un tiburón, hasta el punto de que de la especie extinguida del megalodonte solo nos han llegado los fósiles de sus dientes, colmillos de hasta 17,5 centímetros de largo.

Falsos carnívoros

PANDA

啊!

Animal de dentadura y digestión propia de un carnívoro y que sin embargo se alimenta principalmente de bambú.

En chino, dà xióng māo, gran oso gato, por la orientación de sus ojos, verticales como los de un gato.

大熊猫

Dientes reforzados para llegar a la pulpa del bambú.

Omnívoros

Comen de todo, y en su boca se combinan los dientes de los herbívoros con los de los carnívoros.

—En las imágenes que habéis
podido ver, rey Severiano XXXII,
se halla la esencia de los dientes.
Aunque falta lo mejor...

—¡Investigador de Palacio! Revele de inmediato la naturaleza de semejante prodigio.

—Señor, los humanos lo llaman sonrisa.

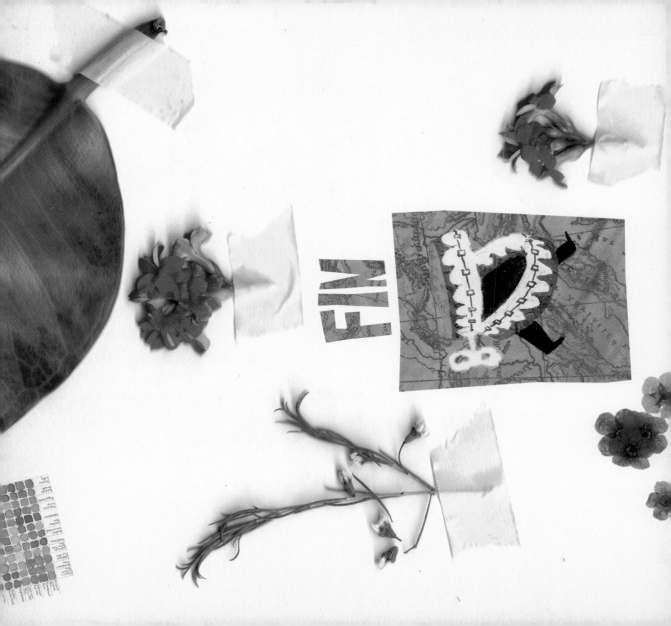

FIN